COMMISSION RÉGIONALE D'ARTILLERIE DE SAINT-ÉTIENNE

MÉMOIRE

A Messieurs les Membres de la Commission des Marchés

PARIS

IMPRIMERIE POITEVIN, V° ÉTHIOU-PÉROU S'

RUE DAMIETTE, 2 ET 4

1872

MÉMOIRE

A Messieurs les Membres de la Commission des Marchés

Messieurs,

Lorsque j'ai eu l'honneur d'être appelé devant vous, le
17 juillet, je m'attendais à être interrogé sur les faits généraux qui
ont accompagné les opérations relativement considérables de la
Commission régionale d'artillerie de Saint-Étienne, mais j'étais
loin de penser que l'attention de M. le Rapporteur s'était concentrée
sur un point unique, d'où il est sorti contre moi une grave accusa-
tion. — J'ai été si ému de l'induction qu'on a tirée de pièces dont
la valeur est, pour moi, si contestable, que mes explications ont bien
pu manquer du lien nécessaire à l'intelligence de l'opération en
débat.

Il s'agit des marchés de harnachements. M. le Président m'a
d'abord demandé pourquoi la Commission s'était adressée à des
hommes étrangers à cette industrie, et j'ai répondu que les cinquante-trois marchés passés par notre Commission étaient tous
dans le même cas; que les arsenaux seuls étaient organisés pour

faire de l'armement, et que le but de la création des Commissions régionales avait été précisément de tirer parti de toutes les ressources locales et de faire converger tous les efforts à créer des moyens de défense. La Commission de Saint-Étienne a fait construire 600 canons, 483 affûts et 636 caissons, avec avant-trains et arrière-trains, 120 chariots de batterie, 82 forges de campagne montées, 40 batteries de harnachements d'artillerie, à peu près 100,000 projectiles et 100,000 fusées, l'armement et l'assortiment nécessaires à environ 66 batteries et aux 82 forges, et 500 hausses appropriées aux armes de longue portée; aucun des industriels et fabricants qui ont concouru à cette production n'avait auparavant touché à ce genre de travail.

Après diverses explications, M. le Président, résumant les débats, a posé nettement la question, en ce qui concerne les harnachements :

« D'après les pièces que nous avons entre les mains, a-t-il
« dit, nous trouvons qu'il y a un écart considérable entre les prix
« payés aux fabricants en détail et les prix accordés aux entre-
« preneurs par leurs marchés. Nous voulons savoir dans quelles
« mains sont allés ces bénéfices, c'est-à-dire si ces entrepreneurs
« sont des contractants sérieux ou si ce ne sont que des hommes
« de paille interposés là sans utilité réelle. »

Sans m'arrêter à ce qu'a d'offensant pour la Commission de Saint-Étienne et pour moi une pareille question, je vais exposer les faits en les appuyant sur des documents authentiques, et on verra, le plus clairement du monde, qu'il était absolument impossible de traiter autrement qu'avec des hommes sérieux, à moins de renoncer à se procurer des harnachements dans le rayon de Saint-Étienne.

Notre situation, choisie exprès dans un centre métallurgique, ne comportait pas la production de harnachements; nous avions bien assez de tout le reste, sans compter qu'il était très-problématique qu'on pût arriver, sous ce rapport, à un résultat de quelque importance. Néanmoins, les instances de la Délégation centrale engagèrent la Commission à faire une tentative dans ce sens.

M. Maurice Lévy, délégué spécial du Ministère de l'Intérieur, envoyait d'urgence à Saint-Étienne, le 3 décembre 1870, une dépêche ainsi conçue :

« *Envoyez-moi marchés pour canons, traitez vite pour affûts,* « *et ne négligez pas question harnais,* c'est ce qui manque le « plus. »

Dès ce moment la Commission, après s'être assurée que Lyon était complétement accaparé par l'arsenal de cette ville, fit appel à tous les gens capables de produire du harnachement dans la région qui entoure Saint-Étienne. Il ne vint absolument que de petits fabricants dont aucun ne connaissait le modèle ni le travail spécial de l'artillerie, qui voulaient bien travailler à faire des harnais au jour le jour, si on les y autorisait, mais qui ne voulaient en aucune façon s'engager par traité, et qui se déclaraient, dans tous les cas, à l'exception d'un seul, incapables de faire des selles. Ces petits industriels faisaient valoir que les cuirs devenaient chaque jour plus rares, que le prix augmentait toutes les semaines de 5 à 10 francs par 100 kilogrammes, qu'il n'y avait pas d'ouvriers pour les retirer des fosses, et qu'eux-mêmes ne pouvaient avoir d'ouvriers bourreliers, ceux-ci ayant été enlevés par l'armée. Il fut absolument impossible de trouver parmi eux un seul homme ou un groupe d'hommes voulant passer un marché par batterie complète, avec un prix ferme et des délais fixes de livraisons. Aussi se borna-t-on à les autoriser à fabriquer des harnais, *sans délais de livraisons,* à un prix provisoirement fait par les bourreliers de Roanne, lequel prix, ne s'appliquant d'ailleurs qu'aux harnais, ne fut nullement débattu, et pouvait être modifié d'un moment à l'autre, suivant les circonstances qui allaient survenir. C'était un essai. La Commission pensa qu'il ne fallait pas perdre une minute, et qu'on trouverait à régulariser cette situation qui ne pouvait être essentiellement que provisoire, puisque son organisation, sans personnel et sans fonds disponibles, ne lui permettait pas de payer autrement qu'en vertu de marchés réguliers approuvés par le Ministre et par mandats sur le trésorier-payeur-général. Mais elle avait déjà des propositions, ou du moins elle avait celle de M. Bertrand qui remontait au 17 novembre 1870 à laquelle toutefois on n'avait pas répondu, parce qu'à cette date il était probable que la Commission ne ferait pas construire de harnachements.

C'est à la suite de ces autorisations de fabriquer des harnais que j'écrivais à M. Lévy, au ministère de l'Intérieur :

« *Je vais faire travailler pour les harnachements tous les* « *ouvriers des cinq ou six départements qui sont organisés pour* « *cette production. Le plus grand nombre des départements qui* « *nous ont adressé leurs commandes gardent à faire eux-mêmes* « *les harnachements. Avec les ressources que j'ai trouvées, je* « *pourrai suffire à ceux qui ne peuvent pas les exécuter chez eux ;* « *j'ai déjà environ 1,000 harnachements commandés.* »

C'est en suite de cette lettre du 15 décembre que j'ai pu télégraphier au Préfet de Macon, le 20 décembre 1870 :

« *Votre harnachement est commandé et déjà en exécution.* »

Ces 1,000 harnachements cités dans ma lettre représentaient environ 7 batteries et demie de harnais seulement, sans selles bien entendu.

Mais tout cela ne faisait pas le compte de M. Lévy qui voulait avoir dans la main des marchés réguliers, et qui me télégraphie de nouveau le 24 décembre 1870 :

« *J'attends vos marchés avec la plus vive impatience. —*
« *Nantes m'envoie régulièrement les siens. Je ne puis arréter*
« *budget sans vos marchés que je vous demanderai tous les jours.*
« — M. Lévy. »

Le 28 décembre nouvelle dépêche de M. Lévy, ainsi conçue :

« *Vos marchés étant retenus par les chemins de fer, donnez-*
« *moi télégraphiquement l'état suivant : nombre total des canons*
« *que vous avez commandés, avec évaluation de la dépense totale*
« *que coûtera cette commande. — Mémes renseignements pour les*
« *affûts, caissons, chariots de batterie, forges, projectiles, fusées,*
« *harnachements. — J'ai fait de mon côté des commandes, les*
« *autres Commissions et les départements en ont fait, il faut que*
« *j'agence le tout et que j'arrête votre budget et le mien. Réponse.*
« *Urgent.* »

Que fallait-il faire ? il fallait cependant bien en finir avec les marchés de harnachements. La Commission, surchargée de travail, avait fait tout ce qu'elle avait pu pour se renseigner sur le prix qu'elle devait payer par batterie entière. L'arsenal de Lyon, qui aurait pu nous aider, ne voulut fournir aucune donnée et nous avait même, par lettre du 25 décembre 1870, refusé net de nous prêter un modèle. Il nous parvint de la Commission spéciale de Lyon une note qui portait à 35,671 francs le montant total d'une batterie. Les divers prix obtenus chez les fabricants de Lyon qui travaillaient pour l'arsenal, ou ceux de Saint-Étienne, allaient environ dans le même chiffre. Enfin, après avoir frappé à toutes les portes, pressée par les dépêches de M. Lévy, la Commission de Saint-

Étienne se réunit le 29 décembre 1870, et, après un nouvel examen, décide que les commandes de harnachements seront données au prix de 32,025 fr. 62 c. suivant détail inséré dans son procès-verbal, avec latitude d'augmenter, en cas de besoin, ce prix de 10 °/₀. Cette augmentation facultative portait la batterie complète à 35,228 fr. 18 c.

Il fallut alors passer les contrats et chercher, parmi les gens qui s'étaient proposés, des entrepreneurs capables de mener à bien une opération qui menaçait d'être très-difficile, de centraliser tous les efforts individuels qu'avait déjà suscités la Commission, d'en rechercher d'autres, bien entendu, attendu que les premiers étaient très-insuffisants, des hommes, enfin, en état de faire face à des engagements d'une certaine importance. M. Bertrand qui, comme je l'ai déjà dit, avait fait des propositions d'entreprise dès le 17 novembre précédent, et qui avait déjà passé des marchés avec les Administrations publiques, remplissait bien ces conditions. Quant à M. Gay, son honnêteté, son activité et ses moyens permettaient grandement de lui passer un marché qu'il sollicitait depuis le mois de décembre. Toutefois, je dois dire que le marché qui fut alors convenu avec chacun d'eux ne comportait que 10 batteries, soit 20 batteries en tout.

Après divers pourparlers, j'arrivai, non sans peine, à leur faire accepter le prix rond de 31,900 francs par batterie complète.

Leurs craintes portaient surtout sur la difficulté de faire fabriquer les selles, sur les rigueurs de réception que montrerait la Commission, sur la hausse continuelle des cuirs que la Bourse de Lyon apportait chaque semaine, et surtout sur l'obligation que leur imposait l'article 4 de leur traité, qui ne leur concédait de paiement qu'après livraison d'une batterie complète; car, ce que la Commission redoutait le plus, c'était d'être encombrée de harnais sans avoir de selles, ce qui aurait occasionné à l'État une grosse dépense sans la moindre utilité. C'est cette même éventualité qui effrayait les contractants.

Le 12 janvier 1871, deux dépêches télégraphiques de M. Lévy parviennent à Saint-Étienne, l'une adressée à moi et ainsi conçue :

« *Combien avez-vous commandé de harnachements com-* « *plets pour quatre chevaux; dans quel délai les livrera-t-on?* « *Pourriez-vous en commander encore: dire combien et dans quels* « *délais ils seraient livrés.* — M. LÉVY. »

L'autre adressée au commandant Maguin et contenant ce qui suit :

« *Avez-vous des harnachements finis, et combien pourriez-* « *vous en livrer : 1° tout de suite; 2° d'ici à dix jours. Réponse* « *urgente et de la plus haute importance; me l'adresser 28, cours* « *du XXX Juillet, à Bordeaux.* — *Signé :* Maurice LÉVY. »

Le commandant me communique sa dépêche et je réponds le même jour :

« *J'ai commandé des harnachements pour vingt batteries* « *non pas de quatre chevaux mais de six chevaux par attelage.* « *Je viens seulement de les commander et tous les pays qui nous* « *avoisinent sont en travail. La fourniture des selles est surtout* « *difficile; mais je pourrais doubler et même tripler la commande* « *de harnais que j'ai faite. Les premières livraisons me seront* « *faites dans quinze jours.* »

Enfin, le 15 janvier, arrive à Saint-Étienne la dépêche télé-graphique suivante :

« *Urgence, Saint-Étienne de Bordeaux.* — *Intérieur à*

« *Heurtier, Saint-Étienne. — Vous pouvez doubler la commande*
« *de harnachements que vous avez faite, c'est-à-dire faire con-*
« *fectionner des harnachements pour un total de quarante batte-*
« *ries à six chevaux par attelage. — Il est entendu que les délais*
« *de fourniture des harnais ne doit pas dépasser ceux du matériel*
« *des batteries. — M. Lévy.* »

Le lendemain 16, j'écris à M. Lévy :

« *Les harnachements sont en main ; le travail est très-mor-*
« *celé ; je vais vous réunir tout cela en deux marchés et vous les*
« *adresser sous deux ou trois jours ; mais en attendant on y tra-*
« *vaille très-activement.* »

Il faut dire ici qu'antérieurement à la dépêche qui me disait
de doubler la commande, j'avais moi-même télégraphié à M. Lévy,
le 28 décembre, que les vingt premières batteries à commander
coûteraient 640,000 francs, c'est-à-dire, 32,000 francs par batterie. Au moment de la dépêche du 15 janvier, le prix auquel nous
pouvions commander était donc parfaitement connu au Ministère.

A la vue de la dépêche invitant à doubler la commande, il ne
restait qu'à doubler les marchés Gay et Bertrand déjà préparés, car
les dépêches de M. Lévy étaient si pressantes que nous n'avions pas
le temps de nous retourner. Le 16 janvier, en effet, M. Gëmalhing,
Ingénieur de l'État attaché à la Commission, nous communiquait
une nouvelle dépêche ainsi conçue :

« *Saint-Étienne de Bordeaux. — Intérieur à Gëmalhing,*
« *Ingénieur au Lycée de Saint-Étienne. — Je reçois bien mainte-*
« *nant des rapports de M. Tournaire sur l'état d'avancement de la*
« *fabrication des canons, mais je n'en reçois pas sur les travaux*
« *relatifs au matériel roulant, aux projectiles et aux harnache-*
« *ments. — Je ne reçois pas non plus les marchés relatifs à ces*
« *dernières parties. — M. Lévy.* »

M. Gémalhing, en me faisant cette communication ajouta : Qu'attendez-vous pour envoyer ces marchés sans lesquels il est impossible à M. Lévy de dresser son budget et d'être fixé sur l'ensemble de son opération?

J'attendais que MM. Gay et Bertrand voulussent bien se décider, car ce doublement les prenait à l'improviste et ils demandèrent cinq ou six jours pour réfléchir et s'enquérir à nouveau. Nous n'aurions pas demandé mieux, à ce moment-là, de trouver d'autres contractants ; ce n'étaient pas les commandes qui manquaient, comme on le voit, c'étaient les entrepreneurs et il ne s'en présenta pas un seul autre.

Remarquons en passant qu'au moment où nous sommes, aucune livraison partielle n'avait encore été faite par les petits fabricants autorisés à travailler ; que ces petits fabricants attendaient encore le modèle et que rien n'était plus problématique que la façon dont ils pourraient s'acquitter de ce travail.

Enfin les deux contrats furent doublés. Quoique datés du 15 janvier, ils ne furent signés, avec la modification, que le 23, enregistrés le lendemain à Saint-Étienne et envoyés à la Délégation de Bordeaux par ma lettre du 24 janvier 1871. L'article 1er donnait aux entrepreneurs deux mois pour l'exécution totale ; — l'article 3 portait que les livraisons auraient lieu, à raison de 4 batteries complètes par semaine, pour chaque marché, du 1er février au 15 mars 1870, c'est-à-dire que les 40 batteries devaient être livrées en moins de six semaines !

Eh bien ! moi qui n'étais que l'exécuteur des volontés de la Commission et des ordres de M. Lévy, est-ce que je n'ai pas bien rempli mon devoir ? Je croyais l'avoir rempli, et de la façon la plus heureuse, puisque, sur le prix que la Commission m'avait autorisé à allouer, je réalisais, au bénéfice de l'État, une économie de 133,117 fr. 60 c. et qu'après avoir indiqué notre prix au Ministère, non-seulement celui-ci ne le trouvait pas trop élevé, mais encore il m'invitait à doubler la commande, ce que j'ai fait.

La Commission de Saint-Étienne, il ne faut pas l'oublier, ne passait pas de marchés définitifs ; l'approbation ministérielle était toujours réservée, et c'était naturellement le chef de la Délégation qui proposait à l'acceptation du Ministre. Or, j'ai déjà expliqué dans quelle situation nous nous trouvions à Saint-Étienne et quelles difficultés nous avions rencontrées à nous procurer un renseignements précis sur la valeur d'une batterie ; mais au Ministère, là où les opérations étaient centralisées, il pouvait, évidemment, exister des points de comparaison : si c'était trop cher, on n'avait qu'à nous le dire et à refuser les marchés ; au lieu de cela on les double.

Il est donc de toute évidence que, dans la fonction que je remplissais auprès de la Commission de Saint-Étienne, et vis-à-vis la Délégation de Bordeaux, je suis couvert :

1° Par la délibération de la Commission du 29 décembre 1870, signée des six membres qui la composaient ;

2° Par l'acceptation de M. Lévy, chef de la Délégation centrale ;

3° Par l'approbation du Ministre donnée au bas des contrats.

Vouloir, dans cette question, engager ma responsabilité personnelle, ce serait aller contre toutes les règles du bon sens et de la justice.

Quant à prétendre que les entrepreneurs n'étaient pas des hommes sérieux, je ne sais pas sur quoi on pourrait s'appuyer, après ce que je viens d'expliquer, pour s'arrêter à cette supposition. Dans quel intérêt cela aurait-il été fait? Ce ne pouvait être dans le mien, car rien ne m'était plus facile, à moi qui ne suis ni fonctionnaire ni agent de l'État, de prendre tout ou partie du marché pour mon compte ; je n'avais qu'à me faire entrepreneur. En outre, ce soupçon injurieux s'allie très-mal avec ce que nous savions des contractants, ainsi qu'avec les renseignements que la Commission des marchés a certainement fait prendre sur leur compte.

La vérité est que, pour les harnachements comme pour tout le reste, il y avait nécessité absolue de passer des marchés, et que l'organisation de la Commission de Saint-Étienne ne comportait aucun autre mode de procéder.

Maintenant que j'ai exposé, aussi clairement que je l'ai pu, la succession des faits qui ont abouti à la signature de ces deux contrats, je vais dire comment j'ai été contraint de me mêler, dans une certaine mesure et seulement au début, à leur exécution.

La Commission de Saint-Etienne, on l'a vu, afin d'aller plus vite et de gagner du temps, avait donné aux petits fabricants, qui avaient répondu à son appel, des autorisations de fournir des parties de batterie, des harnais surtout, car il n'a jamais été question de batteries complètes ; aucun ne le pouvait. Il y avait là un engagement, verbal à la vérité, irrégulier sans doute, mais qui n'en était pas moins sacré pour la Commission. Les deux contrats du 15 janvier, englobant toutes ces autorisations partielles, il importait beaucoup de dégager la responsabilité de la Commission et partant celle de l'État, afin que ni l'une ni l'autre ne pussent jamais être recherchés de ce chef. Pour atteindre sûrement ce but, j'avais exigé que les payements à faire aux petits fabricants eussent lieu dans nos bureaux et autant que possible en ma présence, jusqu'à concurrence du chiffré atteint par les autorisations données. Ce chiffre ne peut pas être évalué par batterie, puisqu'ainsi que je viens de le dire, il ne s'appliquait qu'à des fractions de batteries, mais il a pu atteindre 160 à 180,000 francs, c'est-à-dire moins du septième du montant total de la commande.

Quand les bourreliers qui, dans le principe, étaient venus dans nos bureaux demander du travail, furent payés et qu'ainsi la responsabilité de la Commission fut entièrement dégagée, ce mode de payement cessa tout à fait, et jamais, depuis, je ne me suis mêlé à aucun autre règlement.

On doit s'expliquer maintenant pourquoi quelques bourreliers ont pu déclarer qu'ils avaient eu affaire à moi pour leurs premiers paiements, en ne niant pas toutefois qu'ils n'aient été réglés du solde par les entrepreneurs. J'ai d'ailleurs, à ces quelques déclarations, opposé des déclarations formellement contraires.

M. le Président a parlé ensuite des dépêches télégraphiques envoyées à divers fabricants de harnachements et il ajoutait : « *mais vous continuez de traiter.* » Cette interprétation est inadmissible. La dépêche exhibée est du 13 février; toutes les autres qu'on peut montrer et conçues dans le même sens sont postérieures à la date des contrats Gay et Bertrand qui sont du 15 janvier; il n'est donc absolument pas possible que ces dépêches concernent autre chose que des sous-traités des contractants. A quel marché auraient-elles pu s'appliquer, puisque la Commission de Saint-Étienne avait reçu l'ordre de commander 40 batteries et qu'elles étaient déjà commandées ? — Ce qui a pu étonner c'est de voir ces dépêches émanant de la Commission et signées par moi; cela tient tout simplement à ce qu'à l'époque troublée où se passent les faits qui nous occupent, la télégraphie privée n'existait plus et la corres-

pondance électrique était exclusivement réservée aux services
publics. En sorte que lorsqu'un des entrepreneurs de la Commission
avait à envoyer une dépêche urgente, il venait dans les bureaux de
la Commission et je signais la dépêche, parce que ma signature
seule pouvait la faire partir.

Toutes ces explications données, et je crois que la Commission
des marchés les trouvera concluantes, abordons la question de l'écart
entre le prix concédé aux entrepreneurs et celui qui, d'après certains
documents qui sont entre les mains de la Commission des marchés,
ceux-ci auraient payé à leurs sous-traitants.

Pour mon compte, je ne crois pas que cet écart soit si grand
qu'on l'a dit. Il a pu être ainsi pour 2, 3, 4 ou 5 batteries, je ne
sais, mais je ne pense pas qu'on puisse déduire, de quelques fac-
tures qu'on a dans les mains, quel a été le prix total de revient des
contractants. Deux contrats de cette importance supposent beaucoup
de frais quand il s'agit d'un travail extrêmement divisé et disséminé.
Dans tous les cas, je me déclare incapable de discuter cela; c'est
une question qui m'échappe complétement et dans laquelle la Commission de Saint-Étienne ni moi n'avions absolument rien à voir.

La Commission de Saint-Étienne a passé cinquante-trois
marchés qui ont tous exigé un très-grand nombre de sous-traitants;
elle a proposé les prix les plus bas qu'elle a pu faire accepter à tous
ses co-traitants; le Ministère a accepté ces prix, nous a renvoyé les
marchés approuvés, et nous n'avons plus fait que veiller à l'exécution des contrats, sans nous inquiéter le moins du monde des bénéfices que pourraient faire les entrepreneurs, ou des conditions qu'ils
trouvaient chez leurs sous-traitants. Aucun de nous, même à pré-
sent que les contrats sont finis et réglés, ne pourrait dire, ne fût-ce
qu'approximativement, ce que les contractants ont gagné sur la forge

des canons, sur le finissage, sur les affûts, les caissons, les chariots, les forges, les projectiles, les fusées, les harnachements, les transports et les fournitures diverses. Tout cela est extrêmement variable et change suivant les circonstances, l'installation, l'habileté, le crédit des entrepreneurs, et aussi suivant leurs procédés commerciaux. Dans les époques de crise, ceux qui ont des capitaux disponibles obtiennent ce qu'ils veulent des ateliers en chômage, et l'homme qui paye comptant ou qui, mieux encore, fait des avances de fonds, peut facilement diminuer son prix de revient de 10 à 15 °/₀. Quoi qu'il en soit, la Commission de Saint-Étienne n'avait pas mission d'entrer dans ces détails, et elle n'y est jamais entrée.

Mais où la question peut se débattre c'est en ce point de savoir si le prix de 31,900 francs par batterie était trop élevé, en se reportant, bien entendu, à l'époque où les contrats ont été négociés, c'est-à-dire à janvier 1871. Eh bien ! Je pense qu'on peut consulter là-dessus qui on voudra et qu'on ne trouvera personne affirmant qu'à cette époque, en présence de la rareté des cuirs, de la hausse chaque jour croissante de cette matière première pour les harnachements, de la pénurie d'ouvriers, presque tous enlevés par l'armée, du trouble profond dans toutes les relations commerciales, enfin de la terrible éventualité qui pouvait sortir de la guerre déjà si désastreuse à ce moment, on ne trouvera personne, dis-je, affirmant qu'on pouvait traiter plus bas. Les bénéfices sont toujours proportionnés aux risques, et, quand les pouvoirs ne sont pas bien assis, l'État paie toujours plus cher. Que serait-il arrivé si l'armistice ne fût pas survenu ? Voilà ce qu'il faut envisager.

Au surplus, je le répète, c'était au Ministère qui possédait seul les éléments de comparaison, à accepter ou à refuser les marchés. Mais lui-même était alors bien au courant de la situation, car, dans le rapport distribué à MM. les Députés, adressé le 19 février dernier, par M. Durangel, directeur de l'Administration départementale et communale, à M. le Ministre de l'Intérieur, je trouve à la page 25, dans le paragraphe relatif aux marchés passés par la Délégation d'artillerie, la phrase suivante :

« *Au commencement de l'année 1871, les harnais d'artil-* « *lerie faisaient complétement défaut ; les cuirs et surtout les* « *selles étaient devenus de plus en plus rares ; la bouclerie* « *était introuvable.* »

Dans ce même rapport, au paragraphe consacré à la Commission de Saint-Étienne, page 27, je trouve une phrase qui confirme de la manière la plus formelle tout ce que je viens de raconter, ce qui prouve au moins que la combinaison que j'ai dépeinte a toujours été étalée au grand jour, qu'elle a été concertée entre le ministère et la Commission, et que celle-ci n'a jamais rien fait que sur les ordres de celui-là. Voici ce passage :

« *Les harnachements devaient coûter 3,190,000 francs ; il ne* « *fut passé que deux marchés pour 40 batteries. Les divers fabri-* « *cants de la région, qui s'étaient pourvus d'approvisionnements* « *en vue des commandes de la Commission, devinrent des sous-* « *traitants des grands entrepreneurs signataires des traités, les-* « *quels seuls devaient faire les avances et demeurer responsables* « *et garants de la bonne exécution des travaux. En fait, la dépense* « *n'a atteint que 1,276,000 francs.* »

Et maintenant serait-il déraisonnable de demander qu'avant de concentrer toute son attention sur ce fait particulier qui a été tout de suite mis en évidence par son Rapporteur, la Commission des marchés voulût bien jeter un coup d'œil d'ensemble sur les opérations de la Commission de Saint-Étienne. Elle verra que, dans la plus grande partie des contrats, elle a payé meilleur marché que dans les autres centres de fabrication, et que l'Administration de la guerre, elle-même, a payé à la même époque, à Toulon et à Toulouse, des prix supérieurs de 30 °/₀ à ceux de Saint-Étienne. Ainsi tandis que nous traitions :

Les affûts à. . . . . 1,775 fr.
Les caissons à. 1,850
Les forges à 1,900
Les chariots à. 1,650

La Guerre passait des marchés aux prix suivants :

Affûts. . . . . 2.277 fr.
Caissons. 2,167
Forges. 2,717
Chariots. 2,017

C'est une économie considérable en ce qu'elle porte sur le matériel qui a donné lieu à la plus grosse dépense. La Commission des marchés verra aussi que les conditions de payement étaient combinées de façon à être très-favorables à l'État ; que l'exécution a été surveillée avec la plus grande vigilance, que les réceptions se sont exercées avec la plus grande rigueur, que les règlements ont été effectués au mieux des intérêts du Trésor, et qu'enfin cette vaste opération, dont le budget primitif montait à 10 millions, réduits à une dépense effective de 6 millions et demi , a été liquidée sans qu'on puisse y découvrir la moindre irrégularité et sans qu'il reste la moindre action litigieuse.

Si j'ai insisté tout à l'heure sur l'intervention prépondérante de la Délégation centrale dans tous nos marchés, ce n'est pas, on peut le croire, que je veuille en rien m'abriter. Mais autre chose est de rendre compte de mes actes à ceux qui m'ont mis à l'œuvre, qui ont suivi l'enchaînement des faits, qui savent tous mes efforts et

toute la somme de travail, de peine, de fatigue que j'ai consacré à
la Commission de Saint-Étienne, et autre chose est de venir devant
une Commission des marchés qui, probablement, ne sait rien de ce
que j'ai fait, où personne ne me connaît, et où l'on me traite
comme le premier trafiquant venu.

Si ce petit mémoire, que je me suis efforcé de rendre aussi
court que possible, ne suffit pas à faire une lumière complète sur
le point posé par M. le Président, je demande qu'on appelle, devant
la Commission des marchés, toutes les personnes honorables qui
ont été mêlées aux opérations de la Commission de Saint-Étienne et
notamment MM. Durangel, Lévy, Boulan, Toussaint, Tournaire,
Maguin et d'autres que je pourrai indiquer. Et, quand toutes ces
personnes auront été entendues, j'espère que la Commission voudra
bien donner la préférence à leurs déclarations sur des allégations
sans poids, sollicitées en faveur d'une réclamation contre l'État,
à laquelle nous avons résisté, et que rien n'est capable de justifier.

Paris, 23 juillet 1872.

C. HEURTIER,

MEMBRE ADMINISTRATEUR DE LA COMMISSION RÉGIONALE

D'ARTILLERIE DE SAINT-ÉTIENNE.

4372. — Paris. — Imprimerie Poitevin, rue Damou-Péron Cᵉ, rue Damiette, 2 et 4.

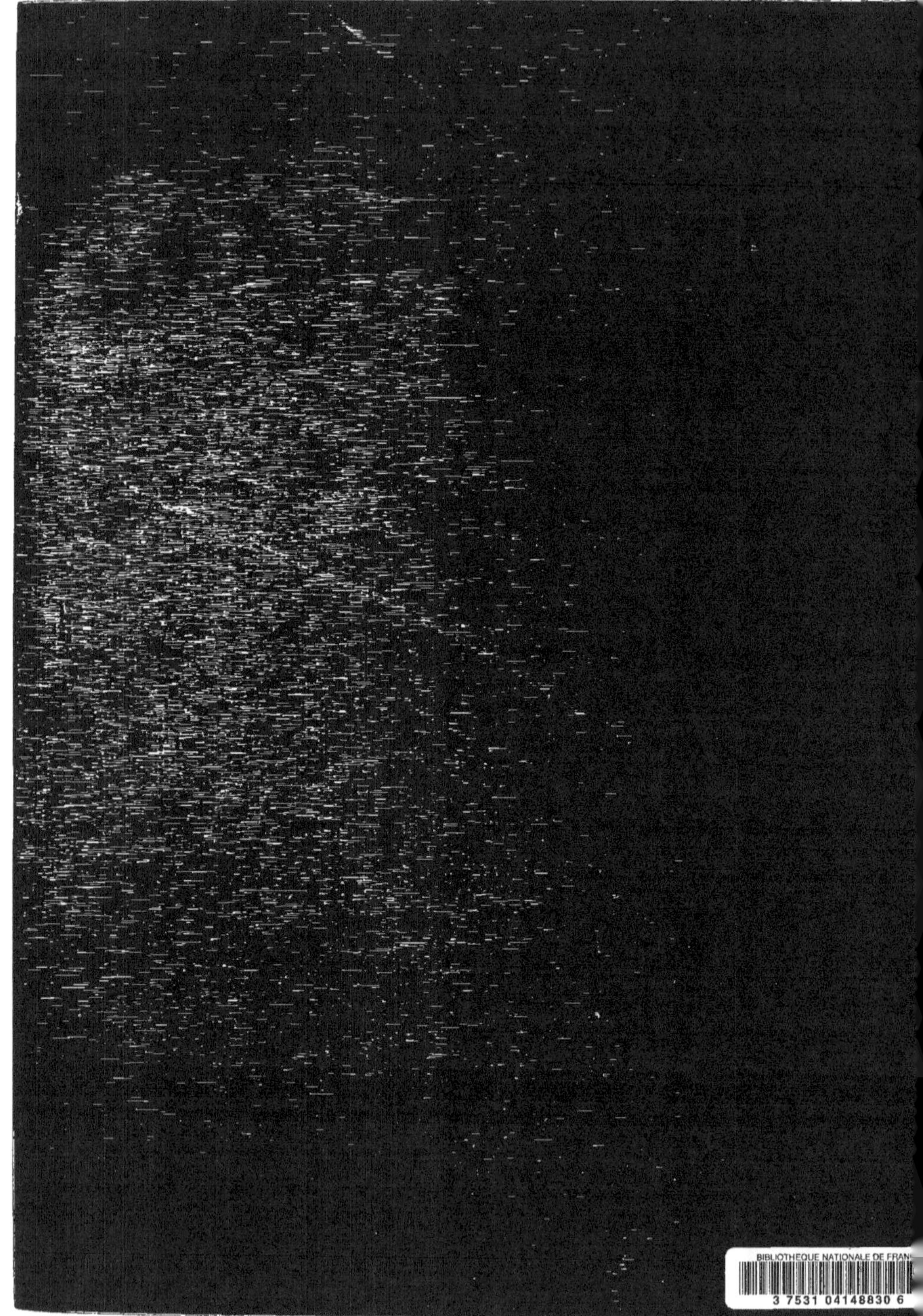